AF237638

zum Text:

Während des Schreibens von kurzen und längeren Erzählungen geht das „Weben" von Gedichten immer weiter.

Im ersten Abschnitt mit dem Titel „Das Schaufenster" erscheint ein Querschnitt aus den verschiedenen Typen von Gedichten: neuere Texte mit Neubildungen von Wörtern in Form von zusammengesetzten Substantiven, Texte aus der Sammlung „Poesie für den Bildschirm", die auf Videos entstanden, solche aus der noch nicht veröffentlichten Sammlung „Wörter fürs Auge", in der Bild und Wort kombiniert werden, und auch ganz konventionelle Gedichtformen.

zum Autor:

Engelbert Manfred Müller, 1940 geboren, in Köln und Leverkusen aufgewachsen, war 40 Jahre als Lehrer an Volksschulen, Hauptschulen und Gesamtschulen tätig. Davon verbrachte er 9 Jahre an Schulen in Chile und Mexiko. Nach seiner Pensionierung 2003 tauschte er sein jahrelanges Malhobby gegen das Schreiben ein.

Engelbert Manfred Müller lebt in Bergisch Gladbach und ist Mitglied des dortigen Autorenvereins „Wort und Kunst". Dieser Band ist sein 3. Gedichtband. Außerdem sind etliche Bände mit Erzählungen, ein Roman, ein Band mit Aphorismen und ein Band mit Reiseberichten von ihm erschienen.

Engelbert Manfred Müller

Der Ewige Webstuhl

(Gedichte von 2008 bis 2019)

Bibliographische Informationen der Deutschen Nationalbibliothek:
Die Deutsche Nationalbibliothek verzeichnet die Publikation
in der Deutschen Nationalbibliographie, detaillierte bibliografische
Daten sind im Internet über http:/ dnb.dnb.de abrufbar.

ISBN: 9783752877052

Schaufenster

Liebe ist ...

wie Akelei im Licht des Mondes
und neues Leben in der Wüste
wie das Verdoppeln eines Geistes
das Sanfte eines Botticelli-Auges
Blumensprießen im Asphalt
der Falterkuss der Kinderhaut
die Schau des anderen Planeten
die Explosion der Vielfalt
wie Schleier voll Geheimnis
und endlos neues Ufersuchen
und warme Mondesfrüchte
einsam frühes Lied der Amsel
und blaues Fest der Zweisamkeit
wo Erde sich und Himmel küssen
wo Berge sich in Blüten wandeln
und du im reichen Tang regierst
die Post vom Mondenfisch bekommst
und jede Linie deiner Hand von uns erzählt
dein Nabel Orientmärchen haucht
den Alltag Poesie bewohnt
und dunkle Nächte von Peru Geheimnis weben

Geschenk des Stillstands

Sommerabenddämmerung
Und meine Stirn
Der Mittelpunkt der Welt
Um den unendlich langsam
Sich die Scheibe dreht

Glühwürmchenband
Domestizierter Autoschlangen
Und in der fernen Ebene
Die Schüchternblinksignale
Unbekannter Lichter

Aus der Nähe weht ein leichter Wind
Ganz ungewohntes Nachbarlachen
Hoffnungsvoller Bildschirmtod

Ein Flugzeugbrummen netzt
Wie Tau bescheiden meine Haut

Am Kopf des Hügels senden Baum und Gräser
Nur geheim Wachstumsvermutung

Im Wald streift meine weißen Schnurrbartspitzen
Herbsüß der Duft von Geißblattblüten
Erwachen einer Jugendliebe

Von ganz weit und doch ganz nah

Grausam überlebe ich

Grausam überlebe ich
Die zweite Blüte der Magnolie
Grillduft aus des Nachbars Garten
Ohne Senfgasgiftgestank
Sonnenblitzen auf dem Taubenschwarm der Höhe
Keine Blitze von Raketen

Einschlagdonnern
Durch den trauten Duft von Blüten
Unsers alten Geißblatts
Sehe ich nur reinen Himmel
Urlaubsflieger
Friedlich ziehen
Kondensstreifen
Zierlich mir zur
Malerischen
Muße.

Stadtrandjuni

Holunderblüten herbe Süße
Duftgedächtnissuppe Mix mit
Rolltreppenüberholspurschweiß
Anhangdrüse suggeriert ihm
Zeit ist Geld und Geld ist Glück
Marienkäferlarven
Blattlauskolonienfresser
Florfliegenmahl in Rosenblättern
Gibt es noch hier und da
Doch Glyphosatgedränge Nötigung
Durch Aktionäre Vorstandkorruption
Saatgutlobbyisten Wunderbare
Güllevermehrungspestizide
Räte Parlamente längst befallen

Wo stehe ich? Und kann ich anders?

Wenn Luther heute lebte,
würde er gegen Juden und Bauern wettern
oder gegen Islamisten und G20-Gegner?
Oder würde er erschrocken sein, wenn er hörte,
Und anprangern, dass 80% der Insekten
Verschwunden sind?
Würde er gegen Bayer und Monsanto predigen
Oder Frau Hendricks ermahnen,
nicht nur zu mahnen, sondern
als Regierungsmitglied endlich zu handeln?
Wäre er für eine Erhöhung der Rüstungsausgaben
Und würde die christliche Mutter wählen?
Würde er den Links-Rechts-Kleinkrieg führen
Und mit AfD-Schelte seine Zeit verplempern
Oder die wirklichen Weltprobleme anpacken:
Umwelt, Kriege, die wachsende Schere zwischen
Arm und Reich?
Würde er mit den Christen, Sozialisten und Freiheitlichen
Die Lobbyisten überall unterstützen?
Oder hätte er Kontakt zu Attac und Abgeordnetenwatch,
Mehr Demokratie und Campact per Internet?
Oder würde er die verschweigen,
wie die Maulkörbe in Deutschlandfunk, ARD und
ZDF?
Oder wäre er für eine völlig neue Entwicklungs-,
Friedens- und Außenpolitik,
um einer Welt für Natur und Menschen noch

10

Chancen zu geben?

Wo würde er stehen? Und könnte er anders?

Lebenslauf

Als Gaukler wie ein Schmetterling
Balanceakt am Seil zum Du
Und zu der Tiefe deiner Augen

Hand in Hand beim Wandern durch die Welt
Ein goldener Mimosenduft
Und spitze weite Kältegipfel

Als Bergmann mit der Grubenlampe
In Schlucht und Klüften meines eignen Ichs
Verborgne Schätze und auch Schrecken
-Dann und wann zu zweit- entdecken

Die Reise nach Kythera

Manchmal müssen wir die Heimat
und das Fenster der Zufriedenheit verlassen

Ein schwereloser Traum
lässt oft dir Transparenz erscheinen
in ein Dasein von ganz andrer Art
Doch der See der Tiefe
kann auch trügerische Ungeheuer bergen
und das Zappeln nie gekannter Lebewesen

Es locken blaue Schätze goldnes Glitzern
aus dem Reich von Avalon
Ein Mund gefüllt mit Wörtern und ein lichtbegab-
ter Pinsel

Strenge Technik und Papier der Bürokraten
stellen dir ein Bein
Doch wärmt die Sonne alter Männer
lässt die Sehnsucht dir erstarken
die Sehnsucht nach Kytheras
Blitzen der Unendlichkeit
dem Friedensschluss von Rechteck und Lebendi-
gem

Ein Blick zurück auf Stunden heller Heiterkeit der
Kindheit
Dann letzte scharfe Missbrauchswarnung
vor der Landung in Kythera

Dann fällt wie Schuppen von den Augen dir:
Kythera ist das Reich der Liebe

Genau wie du

Ob sichtbar oder hinter Wolken
Sie ist da
Genau wie du
Auch wenn nicht immer
Blüten leuchten
Genau wie du
Am Abend und am Morgen
Und ob Sommer -oder Wintersonne
Immer da
Genau wie du

Wo ist die Welt am schönsten?

Im Fleisch der reifen Früchte
Im freien Schweben deines Denkens
In der Mondnacht eines fernen Bergdorfs
In Verführungen durch Streichquartette
In der Perlenhaut des Schmetterlings
Beim Tauchen in den Untergrund
In der Süße einer jungen Liebe
In dem Antlitz das du lange kennst
In der plötzlich wieder neu entdeckten Zartheit
und den Edengärten von Gauguin und der Karibik

mit einem Lindenblütenblatt verweht

Die Doppelköpfigkeit der Welt

Vorsicht Janus will uns trügen
doppelt seine Zunge
auch wenn einfach sie erscheint
Schlangenflüstern
schräges Augenschielen
Hütchenspielertäuschungen
Freude paart sich mit der Bosheit
Hoffnung mit Verzweiflung
Niemals Langeweile
Doch seid immer auf der Hut

Uns gehört der Himmel

Noch bietest du dem letzten Winkel
Die Gelegenheit
Die stillen Dramen zu erleben
Die der Spiegel unsrer Seelen

Lichterscheinen
Vorhänge der Depression
Ein trübes langes Grau
Das nicht zu enden scheint

Dann plötzliche Erlösung
Hoffnung auf ein Weiterleben
Nach dem Sterben alter Freude

Bevor die Invasion der Drohnen
Alle Himmel uns zerkratzen will

Wenn die Welt blau wäre

Dann wäre Zartheit mehr gefragt

Dann säh' man Reime Zeichnungen auf Flug-
zeugflügeln
Und es nickten Marabus uns freundlich zu
Am Himmel Wörter Zeichen statt nur Kondens-
streifen

Der Rabenvogel grüßt' die Elfenfee
Und wir schauten endlich durch
Und weithin wären Türen offen Blüten sprießten
Nicht vom Kraftwerk stammten Wolkentürme
Blaues Band nicht nur im Frühling

Böses würd' sich selbst zerstören
Gute Früchte ihm entsteigen

Der Tukan fänd' das andre Auge
Vom großen Auge mild belächelt
Mild belächelt ohne Zwang und Trug

Und Vulkane spien nur noch süßen Honig

Platja Caragol

Am Horizont verschieben sich
gemächlich Segel
wie eine Schnecke, die die Zeit vermisst.
Ein Wind, der sich in Intervallen
mal erhebt, mal stirbt.

Wellen, die sich träge
an den Strand ergießen,
unablässig, doch gelegentlich,
als hätten beinah sie's vergessen.

Ein Motorboot wird hier
vom flachen Wasser
ferngehalten,
spritzt seine Gischt
wie eine Sahnespur,
die gleich vergeht.

Während deine Rückkehr
ich vom Schwimmen
in der Bucht erwarte,
verschwindet ohne Laut
am Horizont ein Dampfer
sanft im Jenseits.

Inhalt

Nur du und ich

Die Vertrautheit deiner Augen

Die Vertrautheit deiner Augen,
deine Wange neben meiner,
deine Stimme, die nur dir zu eigen,
unsre Hände, die sich finden:

Dafür ward das Leben uns geschenkt
und lässt Elend, Not und Krankheit
fast bedeutungslos erscheinen.

Du

Ob Ei du oder Made
Puppe Raupe Schmetterling
Bei allem Wechsel
Bist du dir und mir
Die Gleiche
Gleiches nur durch Wechsel
Wechsel nur durch Gleiches
Immer aber Du

Ein Nippen an der Ewigkeit

Das Privileg des Dichters
Das der Olymp bestraft
Mit des Erwachens
Jäher Grausamkeit

Höhe 267

Wenn es dir gut geht,
steigt die Sonne auf,
setzt Kraftwerkwolken
sowie manche Dächer
strahlendweiß
vor dunkles Städtefiligran.
Die Kondenswolkenstreifen
und das Katzenschnurren
ferner Autoschlangen
schnüren Bündnisse
mit der geheimen Freude
trüber Krähenstimmen
und den Gräsersilberspitzen,
die den Geruch von alter Gülle
zu Narzissenduft erklären.
Zufrieden flattert eine
Plastikplane, reibt sich gern
an trockenen Holunderzweigen.

Und auch mir geht's gut.

Lebenslauf

Als Gaukler wie ein Schmetterling
Balanceakt am Seil zum Du
Und zu der Tiefe deiner Augen

Hand in Hand beim Wandern durch die Welt
Ein goldener Mimosenduft
Und spitze weite Kältegipfel

Als Bergmann mit der Grubenlampe
In Schlucht und Klüften meines eignen Ichs
Verborgne Schätze und auch Schrecken
-Dann und wann zu zweit- entdecken

Was haben wir sonst?

Haut, die mich schützt,
aus der ich fahren möchte,
die mich ich sein lässt
und meine Sehnsucht hemmt,
mit andern eins zu sein.

Lasst uns doch wenigstens
die des anderen
in Zärtlichkeit berühren!

So oft es geht.

Meine Liebe!

So manche Orchideen
fanden wir
gemeinsam schon
im endlos blauen Meer
des Lebens,
weißt du noch?

Dazwischen aber
lernten wir,
dass das Grisaille
der Alltäglichkeit
durchaus den Schmelz
an seinen Rändern
und in seiner Tiefe
haben kann, der
fernen Urwaldblüten
gar nicht nachsteht.

Ich wünsche dir (und mir),
dass noch manche
Orchideen
wir zusammen
suchen werden
und uns Grisaille
nicht enttäuscht.

Erklärung

Im trüben Morgen
eine Krähe rief mir zu,
ich sollt' dir endlich,
endlich sagen,
was dein Blick
auf meinen Lippen
schon so lange,
jahrelang,
vergeblich sucht:
Ich liebe dich.
Dein Du, das mir
in vielerlei Gestalten
und an hundert Stränden,
tausend neuen Tagen
immer gleich entgegentrat:
Ich liebe dich
und lehne mich
an deine brüderliche Wange,
fasse deine treue Hand
und küsse deinen trauten Mund.

Ritt in den Anden

Der starke Rappe
folgte mir wie nie,
als wir das Leuchten
aus der andern Welt
im Dunkelblau erblickten.
Die andern nahmen
es nicht wahr,
weil Angst und Alkohol
sie fesselten.
Nur du und ich,
die wir leicht abseits standen
beim Schnauben und Geruch
der warmen Pferdeleiber,
den Felsen und
den Dornen nah.

Punta Bonita

Die Sterne lagen gleichsam auf,
wie gleißendes, getriebnes Silber,
das sich in unsre Fingerspitzen schmiegte,
und von ihren Rändern tropfte
eine helle Milch
in unsre Stirn,
die unsre Hände kurz,
und doch für ewig
aneinanderband.

Sexuelle Befreiung

schmusemuse
erlösemöse
stubenrein
klotzambein

Schon 70

Du schon 70,
kaum zu fassen,
und doch war es gestern,
als wir in der Haustür standen
und das Rollen dieses Erdenballs verspürten
und das Garn der Nornen zauberhaft
um uns gewoben ward
und wir den Anfang sahen
und das Ende
und endlos den langen
bunten Faden
allzugleich geschaut
in einem Augenblick
den immer wir
nur wir
in uns getragen
und noch heute tragen
und auch morgen noch.
Wie lange noch?

Dir zum Geburtstag

Zypressen und das Meer
in Griechenland,
skurrile Göttinnen
und Sonnenglanz
aus Mexiko,
ein Tisch aus Chile
und Figuren
von der Osterinsel.
Erinnerung an
Leben, das gemeinsam
wir verbrachten.

Doch ist es nicht nur
Beiwerk und vorbei.
Das alles hat aus uns
ein symbiotisch Wesen,
einmalig auf der Welt,
gemacht, das uns auch
hier die Welt mit Augen
sehen lässt, die einzig
uns gehören.

Ich danke dir,
mein andres Ich,
und wünsche dir (und mir)
noch manche schöne Zeit,
um hier und jetzt gemeinsam
unsre Welten zu gestalten.

Tunquén

Einmal war der ganze Sternenhimmel
auf den Strand gefallen, so dass
jedes zweite Sandkorn blinkte.
Silberfunkeln.
Das die nächste Welle aufnahm,
rührte, knetete,
bis in angemessner Ferne
eine breite Woge
vor dem schwarzen Meere
uns ein Leuchten sandte,
wie aus einer andern Welt
und doch seit Ewigkeit
gekannt.

Voller Mond

Auf weiter Wiese
du und ich
Begegnung wie Magneten
auf Sternenbahnen
vorgeschriebner Lauf
und neben uns geheimnisvolle Schluchten
mit Strauchwerk unanständig
kraus bewachsen
Tiefe ungewiss
zwei blanke Leiber
der Zusammenprall
steht kurz bevor
und hinten böse lauernd
schwarze Polizisten
doch der Mond beleuchtet
nur uns beide

du und ich

Der Stand des Dichters

Der ewige Webstuhl
der Dämmerung,
der die unablässigen
Filme der Vergangenheit
und seiner schwankenden Konturen
zu Neuem verwebt
mit den Stimmen
der Frühe von heute
und der scharfen Luft
der Gegenwart.

Kauft, Leute,
kauft diesen
kostbaren Stoff!

Um uns herum

Gesichter

Als wenn sie einen Abdruck hinterließen,
der dein eignes lädt mit Energie,
und müde sind die, die schon lang vermissen
einen fremden Blick mit Empathie.

Das Baden in der Menge bringt dir kleine
Stöße mit nur herzlich wenig Volt,
doch ist es trotzdem besser, als wenn deine
Psyche einsam in den Graben rollt.

Wie Starkstrom ist das eine, das du liebst.

Manche sind von einem Glanz umgeben,
der seltsam wie ein Engel dich berührt,
vielleicht sogar bewirkt ein leichtes Beben,
das uralt alte Feuer in dir schürt.

Und es kommt vor, dass sie das deine fliehn,
wie voll Bestürzung du vermeinst zu spüren.
Der Glanz der eignen Augen dir doch schien
für immer fähig andre zu berühren.

Enkel jüngen dein Gesicht aufs Neue.

Doch was hat manchen Kindern unsre Zeit ge-
bracht?
Hat ihr Gesicht heut schon in jungen Jahren
Enttäuschung stumpf und aggressiv gemacht?

Weil ihre Kinderträume größer waren?

Enttäuschung oder Trug von Apparaten,
die ihnen Geist und Freiheit rauben.
Weil sie in Müllbergen von Spielzeug waten,
nicht mehr an Freundschaft oder Liebe glauben.

Sie flehn dich insgeheim, sie anzuschauen,
mit Hoffnung, die in jedem Blick verborgen,
die nötig ist, um Leben aufzubauen,
ihr bisher karges Dasein zu versorgen.

Schweben

Ohne Leichtigkeit
Das Sein dazwischen
Zwischen Sommer, Regen,
Wetter viel zu kalt
Zu heiß
Und Tropenschwüle
Zwischen Terrorakten
Und Events
Lass mir Genießen nicht verderben
Angst vor Krieg und Umweltkatastrophen
Urnengrab und Würmerfraß
Und ungebremste Inselfreuden
Leichen an den Strand geschwemmt
Inklusionsbeauftragung
Die Wolken ziehen
Fast wie eh und je
Drohnen drohen
In Altweibersommerfäden
Leicht dahin
Ein Schweben
Ohne Leichtigkeit
Immer dem
Hellen entgegen
und allem was wärmt
bleiben wir selber
uns dunkel

Hexen

Eure Weisheit,
die gefoltert wurde,
könnte heut' uns
vor Tabletten
und der Macht
der Apparate
retten.

Zug der Lemminge

Zug, Auto, Flieger,
schneller, schneller!
Zehntelsekundentaktmedaillensport
WC, Ab,
IC und SMS
Zeitersparnis
Effektivität
Rekorde

Langsam, langsam!
Merkt ihr denn nicht,
dass sie nur schneller führen
zu der Klippe,
wo ihr zum letzten Mal
Gemeinsamkeit erlebt,
weil Kopf an Kopf ihr
euch hinunterstürzt!

Zug der Lemminge 2

Langsam, langsam!
Merkt ihr nicht,
dass euch Rekorde,
Zeitersparnis,
Effektivität
nur schneller führen
zu der Klippe,
wo ihr zum letzten Mal
Gemeinsamkeit erlebt,
weil Kopf an Kopf ihr
euch hinunterstürzt!

An den früheren Diktator

Ich wusste damals nicht,
wie sehr auch Sie
des Trosts bedurften.
Er hätte dann vielleicht
die harte Rüstung
weggeschmolzen.
Doch hatte Ihre Lanze oft
den Stolz ins Herz getroffen
und so Versöhnung
obsolet gemacht.
Und außerdem ist fraglich,
ob der Panzer
Ihres eignen Stolzes
nicht jeden Balsam höhnisch
abgewiesen hätte.

Am Morgen nach der Familienfeier

Nun tropft Balsam durch Gardinenfalten
Aus dem trüben Grau des Himmels
Tröstet Wunden aus den Spitzen
Mancher Pfeile
Lindert Gift
Das meine Liebsten
Träufelten

Das Fohlen

Unsicherheit und Skepsis
und Verwunderung
schaut uns entgegen.

Die Staksebeinchen
fordern unsre Hilfestellung.
Wir wünschen dir, dass du sie
immer finden wirst,
solang es nötig ist.

Damit du einmal das wirst können,
was dein Wesen ausmacht:
Gestrecktes Galoppieren
mit dem Blick auf
ferne Freiheitsziele.

Die Skepsis angesichts der Welt,
die soll Vertrauen finden
in den Augen deiner Lieben.

Dein Schauen voll
Verwunderung
soll bleiben,
da das Staunen
aller Weisheit Urgrund ist.

Die wir dir von Herzen
wünschen.

Nacht und Nebel auf Höhe 267

Schein von Laternen
in der Ferne
sucht vergebens
hier hinaufzukriechen
und lässt verzagt
die dunklen Schollen
gebrochen
in der feuchten
Brache liegen
während blinde
Düsenjets den alten
Donner nicht ersetzen
können den
die Erde mühsam
atmet

Wunschzettel

Schrankenfall
und Aufstand endlich
gegen Idiotenherrschaft
die die Welt umklammert
und uns macht zum
Kümmerdasein
das wir sind
und sein
nicht wollen
Lasst endlich
Köpfe rollen
ohne Blut doch
rollen müssen sie
ins Bett der Anstalt
wo wir ihnen
Blumen schenken
eines neuen
Frühlings

Schlafzimmerfenster

Heimtrainer Metallgiraffe
weißlackiertes
Riesenvorzeiteninsekt
als grimmiger Bewacher
vor dem Fenster
wo Gardine wie die Sprache
Realitätsumwandlung
ganz enorm bewirkt

so dass Häuserdächer
ganz verschämt versuchen
rechte Winkel oder wenigstens
Parallelogrammstrukturen
hinzukriegen
von ausgefransten
gelblichen Markisen
halbherzig verziert

Wintersonnenwüstenmorgen
malt Zärtlichkeit auf
Kunststoffziegel-
flechtenkreisen
ein verhaltnes Blau
an Himmelwolkenstreifen
die den Mond schon aufgesaugt

Geißblattwinterspinnenbeine
knöterichdurchwirkte
Hässlichkeitslaterne
letzte Blätter die sich wundern
dass der Herbstwind sie vergaß

auf Posten einsamen
und alter Heizkörper
mit Staubgeruch
Pazifikrauschen mimt

Erwachen

Du merkst nicht,
dass ein Teil du
eines Bildes,
eines Bildes, das
sich Liebe oder
Freundschaft nennt,
erst wenn es einen
Titel trägt und
wenn dir seine Grenzen
aufgehn und sein Rahmen,
an den hart du stößt,
und der dir zeigt,
dass es ein Kunstwerk ist
und überhaupt nicht
selbstverständlich.
Dann erst staunst
du und lässt endlich
deine Dankbarkeit
verströmen.
Stillstand und Vergänglichkeit

Die Luft, die ihre Hand erhebt,
wenn keiner es erwartet,
die regellosen Zeiger
einer Uhr, die nicht
der Mensch beherrscht,
und wie zwanghaft,
doch fast rhythmisch,
der Wellenschlag
nach kurzer Pause
des Gedenkens

und plötzlich dann
der Flügelschlag der Taube
von gewisser Hast

und einmal nur
zaghaft der Versuch
des Individuums,
kühn zu behaupten
seine
Einzigartigkeit.

Blau

Hängematte
lenkt den Blick
zum Labyrinth,
zur Krone
der Magnolie.

Durch grünes Raster
sickert blaue Jugend,
Grenzenlosigkeit,
endlose
Möglichkeiten.

Ewigkeit tropft
als violetter
Kuss.
Betörend.

Wind mischt
Dosis Glück,
die grade noch
erträglich ist.

Blau 2

Kaum merklich schaukelt
deine Hängematte,
lenkt den Blick nach oben,
in das Labyrinth
der Krone der Magnolie.

Durch das grüne Raster
sickert Blau der Jugend,
blaue Grenzenlosigkeit,
das Blau unendlich vieler
Möglichkeiten.

Dort tropft Ewigkeit,
wird immer dunkler,
fast ein Violett,
das einem Kusse gleicht,
der dich betört, umfängt.

Die Dosis, die durch
Blätter dringt, und die
der Wind vermischt,
reicht dir das Maß
an Glück, das grade
noch erträglich ist.

Wankelmut

Ich kann mich nicht entscheiden
zwischen Glanz und Dunst,
dem Glanz und seinen tiefen
Schatten in der Nachbarschaft,
dem Dunst, der alles einhüllt
grau und sanft,
dem Glanz, der Gabelweihen
in den Himmel steigen lässt,
dem Dunst, der liebend
sich auf alles legt
und es durchdringt
bis in sein Innerstes.

Im Laufe des Jahres

Vorzeitige Rückkehr

Noch Niedrignebelwolken.
Unsichtbare Kranichketten.
In engem Rufkontaktverbund.
Die schwarzen Krähen protestieren
gegen rüde Winterherrschaftskürzung.
Und Pferde steh'n verwundert auf der Weide:
Was fürchtet ihr, dass bald
ein Glutball dort euch
jeden Halm
verdorren
lässt?

Plötzlicher Frühling

Halt an, du bringst mich
völlig außer Atem!
Streust buttergoldne
Löwenzähne allenthalben,
die den zarten lila Wiesenschaum
unbedenklich überrennen,
flugs ein Kirschenbrautkleid
nebenbei, und die
Grünverkleidung
hast in einem Tempo
du vollendet,
dass mir schwindelt.

Und ich sehne mich
nach langen Sommertagen,
die nur mühsam
enden oder niemals.

Vorzeitiger Frühling

Unangemessen sickert
Blau des Südens durch die
roten Kiefernstämme
und die Krähen sind heut
heiser, weil ihr Schrei
Verdruss beschwört
und den Verrat an ihrem
Reich beklagt, in dem
ihr schwarzer Flug alleine
herrschte

Frühlingsstaub

in die Nase feuchter Staub
Geruch wie Samen Reiz und Fruchtbarkeit
und endlich Aufbruch
Zukunft, die allen Toden widersteht
und alles Sterben Lügen straft
Wer hat die Riesensteine kleingemahlen
Gigantenhart zu Elfenzart verwandelt
Pulverstaub, der fliegt und
alles Leben bringt
Blütenstaub
Dunst, der alles neu durchdringt
und alles neu belebt

Am Morgen von Sabines Geburtstag

Wenn Finkenschlag
den feuchten Staub
der ersten
warmen Tage
im Wechsel mit
dem Meisenklang
durchdringt,
dann füllen sie
durch die verhangne
Luft hindurch
dein Herz mit Dankbarkeit,
mit Dankbarkeit,
dass dir das Leben
solche Freunde
hat geschenkt

Maiwind

Wenn deine
ungestüme Jugend
nachlässt, die
das Endlosblau
aus fernen
Seligkeiten
mit Fliederduft und
Finkenschlag vermischt,
dann weht aus
Nachbargärten
ein Geruch von
Grillfleisch rüber.

Auch nicht schlecht.

Blauer Mai

In welchen Abgrund,
welche tiefe Reue
wirst du uns werfen,
wenn dein blaues Glänzen
einmal aufhört,
deine unablässig
frischen Lüfte,
die dein Blau
unmerklich wandeln
in ein Violett,
das jedes Herz
in Fliederduft
ertränken will,
in einem unsagbar
süßen Tod?

Üppig kam der Mai daher.

Ein Meisentremolo
klingt unablässig,
und ein ferner Hahn
besingt das Kirschenbrautkleid,
das den zarten Wiesen-
schaumkrautteppich
dem Butterglanz des
Löwenzahns vermählt.

Häher streiten um die
Lufthoheit mit langen
Flugzeugkondensstreifen
und ein geducktes Auto
kriecht verschämt durchs
hohe Gras am Wiesenhang.

Keine Apotheose

Manchmal, wenn das Blau schon
übermächtig und das Strahlen
göttlich wirkt,
streuen heimlich strenge Engel
Dumpfheit und Verdruss
und Orangenblütenduft,
der schon in Fäulnis übergeht,
damit nicht Übermut
dir plötzlich Milanflügel gibt,
die hoch im Himmel kreisen
und an verbotne Tore
führen könnten.
.

Hochsommertief

reifes Gras geduckt im Wind
der alten Süden kündet
Sturmwolkenvögel treibt
entblößte braungebrannte
Kiefernstämme blinken lässt
und schräge Kirschbaumblätter
die von Starenscharen
geraubten Kirschen wild betrauern
das Fetzenblau das noch
auf einen Sommer hofft
wart ab wart ab
der Jambenhuf
des Freizeitreiters
predigt gemächlich
dir Geduld

Stare auf der Leitung

Blattlausschwarzgedrängt
ein Schwätzkontinuum.
Mein Lauschangriff:
ein plötzliches Verstummen.

Verärgert schwirrt ein
Dutzendschwarm
dem fernen Autowurm entgegen.
Eine heimliche Verwandtschaft?

Karge Silhouette
fokussiert den Blick.
Rätsel und Verwunderung.
Das ist, was bleibt.

Herbstversuche

Kirschbaumblätter
zappeln ungeduldig
wollen auch ins Gras
plötzliches Erschrecken
bei Böen
Schauer lässt
Hagelkörner tanzen
Wolkendrohgebärde
finsteres Gesicht
hebt seine Röcke
zur Versöhnung
und lässt pausbäckige
Karibikwolken sehn
Noch ist es Zeit
nur Wechselbäder
Eichenblätter
üben schon den Taumeltanz
der Schmetterlinge
Reiter führen ihre Pferde
wie Hunde an der Leine

Herbstversuche 2

Böen senden
plötzliches Erschrecken
Kirschbaumblätter
wollen sich verschwenden

Wolkendrohgebärde
lässt im Schauer
auf der feuchten Erde
Hagelkörner springen

Um gleich darauf
die Röcke ganz verschmitzt
und schamlos anzuheben
und `s ist nicht zu fassen
pausbäckige
Karibikwolken
sehn zu lassen

Abseits üben Eichenblätter
still den Taumeltanz
der Schmetterlinge

Herbstwind 5

Dörfer leergefegt
für neue Ordnung
Wolkenweltentürme
Maisfeldzorn
des Pfluges Raub

Milan tritt
mit roten Federn
seine Herrschaft an
und Falken rütteln

Elster jagen Krähen
und ein Schwarm
lässt Rücken
silbern glänzen

Bauer biegt vergnügt
den Schnurrbart hoch
und träumt vom Winter

Federwolkenhimmel

Nun wird sogar der Himmel
malträtiert.
Man kann schon froh sein,
wenn Entfernung ihren
Düsenlärm verschluckt,
der kreuz und quer sie
ihre Bahnen ziehen lässt,
die sich verbreitern, bis
der Cyrrhus schließlich
sie gnädig
adoptiert,
als wär'n sie seine Kinder
und Menschenmacht und
-ohnmacht gar nicht wahr.

Herbststurm

fegt das Jahr zusammen
nutzlos gewordne Tage
auf den Müll
Engelstrompetensturz
zu zartem Matsch zerrieben
auf nassen Fliesen
der Terrasse
wirft Töpfe um wie einst
der Reiter auf dem Markt
respektlos

halme

herbstvergoldet
schräg doch stolz gereckt
die ihr die reifen fäuste
drohend schüttelt
gegen düsendonner
den ihr nicht mal
hört

Herbstwind

fegt die Dörfer leer
und ordnet neu
und groß die Welt:
ein Khanpalast
endloser Zimmerfluchten.

Wolkenwelten türmen sich,
und ungehalten raschelt Maisfeld
mit Zornesfalten über
frechen Pflug,
der ihm die Würde raubt.

Menschenherrschaft ist nun
strittig,
und der Milan zeigt
besonders rote Federn,
Falken rütteln wieder
wie zu Hause auf der Stelle,

Elstern jagen Krähen,
und ein Schwarm lässt
auf dem Feld
die Rücken silbern glänzen.

Der junge Bauer
biegt vergnügt
den Schnurrbart auf
und lässt ihn schon
vom Winter träumen.

Herbstversuche

Böen senden
plötzliches Erschrecken
Kirschbaumblätter
zappeln ungeduldig

Wolkendrohgebärde
lässt im Schauer
Hagelkörner springen

Dann lacht das finstere Gesicht
hebt seine düstern Röcke
und lässt verschmitzt
pausbäckige
Karibikwolkenbänke
sehn

Eichenblätter üben
noch den Taumeltanz
der Schmetterlinge

Adventabend im Bergischen

Ein Lichterkettenkranz
schmückt fröhlich
wie ein Kind
die Schultern einer Fichte
neben dunkelkahlen Apfelbäumen,
und seine Äste schaukeln sanft
als Boot auf leichten Wogen
im dünnen Güllewind,
der von der Autobahn
ein Rauschen herträgt
und unter Wolken
einen trüben Glanz.

Schickt den noch der Mond,
oder ist es nur
der Widerschein
der unaufhaltsam nahen
Großstadt?
Was bringt uns der Advent?

Wintersonne

Nicht als Versprechen
ferner Zukunft,
sondern als Geschenk
der blanken Gegenwart
breitest du
den ganzen Reichtum
der Palette
und als Zugabe
der Weisheit
kalte dunkle
Schatten als die
Dimension der
Tiefe.

An Kretas Küste

Wiederholtes Paradies

In warmer Sternennacht
Ein Zephir
In den Blätterspitzen

Schon oft
Das Paradies
Windstille

pures Sein
die Ewigkeit
im Augenblick
im Wimpernschlag

Windstille und die Sanftheit des Meeres

Du teilst mit trautem Glucksen
Deine Wellen, die heut
Von einem guten Öl besänftigt sind,
Geschenk der Windesstille.
Hinter dir die Brandung
Klein und freundlich
Sie lässt dir Zeit die
Alte Brust zu weiten
Mit dem Blick nach Süden
In ein Glück
Als wär'n dort keine
Boote von Verzweifelten.
Zwei Möwen stehen auf dem
Fernen Riff mit einem liebevollen Grinsen
Und einem Hohn
Weil dein Versuch
Ins Seidentuch zu tauchen
Von zartem Blau so endlos
Und vergeblich ist.

Südlicher Herbst

Rosa Blüten der Mimosen
wolln im grünen Blattgefieder
schon ihr Hochzeitskleid verlosen.
Doch schon morgen kommt es wieder.

Endlos in des Golfes Weiten
wollen sich die ersten Schatten
in den Silberspiegel breiten
über Ockermauern, glatten.

Unter einem sanften halben
Mond nun planen ihren Zug
die ersten schnellen Schwalben,
halten sich für ernst und klug.

Während noch behäbig Raben
tiefe Schluchten überqueren,
sich noch an der Kühle laben,
der Zukunft noch den Rücken kehren.

Still-Leben

Das Meer trägt nun das Tuch
Der Preußenuniform
Einheitlich voll tiefem Gleichmut
Und mühsam vertikal
Die grauoliven Eukalyptusblätter
Lassen oben gertenschlank
Australischrot
Sich hoch zum Himmel recken
Hier kämpfen sie gemeinsam noch
Den alten Überlebenskampf
Des Lebens
Der heute längst ins Gegenteil
Verkehrt
Die letzte Schlacht
Der Mutter Erde
Gegen Gier und Hybris.

Sonnenaufgangsmoment

Rieche Tau auf Staub und Fels
Arme Glocke eines Schafs
Auf Stoppeln eines Ackers
Abgeerntet
Verlornes Hundebellen irgendwo
Ein einzelner sonorer Rabe
Die Katze wendet schnell erstaunt
Den Kopf als eine Schar
Von Spatzen als Silhouetten
Vor der Sonne Richtung Berge
Flüchtet
Letzte Grüße der Natur
Vor präpotentem Tageslärm

Sonnenaufgang in Frangokastello

Nun ist sie da
Gleich, gleich
Jetzt, jetzt
Erscheint sie strahlend
Lässt verblassen sie
Zaghaftes Leuchtsignal
Des kurzen Kondensstreifens
Einer fernen Flugmaschine
Nicht zu hören
Alles überstrahlend
Aus einem Gleißen
Ihres Balls
Mit tausend
Unnahbaren
Pfeilen
Die endlich klären
Wer die eigentliche Herrschaft hat
Begleitet von der Unschuld
Eines makellosen
Blautürkis.

Nacht auf der Terrasse

Duft von Jasmin
o süße Traurigkeit
und halber Mond
und Sternenbilder
raschelnd Blätter
fegt der Wind
und unser Blick nach Süden
über weites Meer
als gäbe es Gaddafi nicht

Langsam treibender Sandwich

Nackenhimmel
Auftriebsschweben
Rollentauschen
Wollen sucht das Schmiegen
Schmiegen schließlich
sucht das Wollen auch
wohlgefüllter Härtestößel
weiches Hängegleiten
weiter weiter
weiter weiter
seliger Kopfübersturz
weite weiße
Hochtalleere

Genii Loci

Als ihr noch nicht zerstört
Da war die Welt
Noch voller Wunder
Vieler Reisen wert
Weil überall ein eigner Duft
Ein eigner Klang
Wie eine Gloriole
Eure Häupter glänzen ließen.

Heute ist es mühsam
Euch zu finden
In der Konsumismus-
Einheitssauce
Die die Welt beherrscht.
ertrinken in Jasminduft

ertrinken in Jasminduft
blauviolett und weiß
in blankem Mondenschein
und lindem Meeresrauschen
und weite Ferne überm Süden
Polyrizos
manche Wurzel
künstlich
abgehobenes
geglücktes Paradies

Der Morgensonnenwind

Scheucht lästiges Touristenpack
Lässt in den Schluchten
Alte Geister frei
Die Seelen dieses
Leidgeprüften Landes

Der Horizont

Kaum spürbar
Ist die Krümmung
Des endlosen
Gedehnten Lineals
Des Horizonts
Wo Seidentuch
Der Himmelstransparenz
Begrenzt wird von
Des Meeres Fülle,
Die schwer wiegt auf der
Braunen Krume
Kaum gepflügter Felder.
Nur links
Leicht hingetupft
Mit feinem Pinsel
Bergzüge der Verheißung
Miniaturen ferner
Glücklicher Geburten.

Bougainvilleablüte

Bougainvilleablüte
fiel auf unsern Tisch
purpurfarbnes Dreieckssegel
fleischgewordener Kairos

Um Leben und Tod

Bedauern

O armer Tod,
der du den Samt
auf Flügeln
eines Falters
nicht mehr spürst
und nicht den Schmelz
der jungen Schulter,
die sich in die zarte
Hand der Liebe schmiegt!
Du hältst die Dunkelheit
der Nächte, die nicht enden,
wohl für deinTuch
der Finsternis,
selbst wenn sie nur
als sanfter Mantel
die Umarmungen
der Liebenden umhüllt.

Das zweite und das dritte Mal

Einmal probte ich,
nach deinem Tod
in schwarzer Nacht
allein
der dunklen Glocke
über mir
mein Leid zu klagen.

Sie ließ
ein Echo namenlosen
Jammers mich erfassen.
Und auch der Schein
der einzelnen Laterne
schien nur scharf und hart.

Bis ich der Glocke Tiefe
wiederfand,
die mich wie einer Mutter Hand
sanft bergen wollte.

Wenn auch du
das Gleiche übst,
so ist es mehr als Trost,
-
ein zweiter Liebesschwur.

Die Nacht

Wie kann ich denn den Tod bedeuten,
da ich doch jeden Tag,
wenn er verwelkt,
dir neue Kräfte überreiche
und die Bilderreigen,
die der Spiegel sind
von deinem Sein
und Perspektiven all der vielen
andern, die du auch noch
werden kannst,
wenn du es willst?

Es sei denn, dass auch er
ganz unerwartet
völlig neue Zimmerfluchten
mit dir durchschreiten will
und andre Welten,
frische Energien schenkt
für einen unverhofften neuen Tag.

Die Winter werden länger

Und eine dürre Hand
Schöpft aus der Kelle
Eine trübe Brühe
Von Verzagtheitsgrau
Auf alle blanken Lichterzeichen.
Schwer hängt ein warmes Laken
An den Vorsätzen des Morgens,
verstopft das zage Blinzeln
deiner Augenfenster
und breitet einen Schleier,
Horizontbegrenzung.
Vergangenheit tagein tagaus
Als dein Ersatz
Für Abenteuer
Lässt manchmal nur den schmalen
Spalt zur Türe offen
Vor der der erste Kuss
Dir eine Ewigkeit versprach.

Dreifaltigkeit des Lebens

Verheißung und Entfaltung, Welken irgendwann.
Rosa Knospen, weiße Blüten, braunes Faulen.
Jugend, Reife und auch - Altern:
Wir nehmen sie nur wahr durch ihre Unterschie-
de.
Wenn nicht die beiden andern wären,
wäre auch das Eine nicht.
Dreifaltigkeit des Lebens, oft geleugnet, aber
wahr.
Nimm jedes an in seiner Einzigartigkeit!

Heimatgerüche

Welkes Laub
am Waldesrand
Tabak in der
strengen Pfeife
alter Männer

Spätes Auto
rumpelt über
Eisendeckel
weht die Tiefe
des Kanals
die nie vergeht
in deine Nase

Gekrümmte kalte
Hand holt dich
zurück in das
was sie die Heimat
nennt

Manchmal merk` ich,

dass das Leben nach dem Tod
schon längst begonnen hat,
und dass ein Wind mit
kindlich leichter Hand
mir kleine weiße Blüten
weht in meinen offnen Sarg,
in dem ich, noch erschöpft
von meinen Wunden, die schon heilen,
verwundert diesem neuen Morgen
und beschämt entgegenschaue.

Wiedergeburt

Wir träfen uns am Fuß des Himalayas
unter Rhododendronblüten
hielten uns die Hand und ließen unsre
Beine baumeln vom Balkon der Welt
und dann und wann verstohlne Blicke
um im andern Auge zu erhaschen
noch verlorne Zeiten die endlich doch
und schließlich uns gegönnt

Zugeblinzelt dem Gevatter

O Tod, du Schelm!
Wer hätte das gedacht,
dass du der Herr
der tiefen Nächte
voller Samt und Seide,
wo selbst der Mond
sich ganz verhüllt vor Scham
und Glück bei diesem
glatten Gleiten
der erregten Glieder,
die eine Haut voll Augen
tragen, voller Augen,
die im Tasten schauen,
was des Tages Lichter
nie erblicken ließen.

Wörter fürs Auge

Zwischen

Oberflächen, Tiefen,
Bruch und Heilen
leben wir,
und Krusten, Narben
sind die Spuren
uns im Heute
von dem, was
im Gestern wir
noch waren.

Zum Licht

Zum Licht
In hellen und in
dunklen Tagen

Weil dort
Unser Ursprung
war?

Der Weg

Selbst in der Sonne
hat er seine Grenzen
rechts und links.
Sein Ziel ist ungewiss
und das,
was hinter dir,
liegt größten Teils
in tiefen
Schatten.

Einen Tag nur

Einen Tag nur
gebt die Herrschaft
der Natur,
und alle Poesie
des Lebens
schreibt sich dann
von selbst.

Erst im Nebel

wird uns sonnenklar,
dass unsre Grenzen
fließend sind
und selbst die Masten,
die voll Eifer wir
errichteten,
in Rost verenden
und im faulen
Holz beginnen.

Aus der Nähe

scheinen unsre
Apparate und Geräte
mächtig und
nützlich uns zu sein
und ein Gestirn
dagegen klein

Immer dem Hellen entgegen

und allem
was wärmt
bleiben wir selber
uns dunkel

Die Grenzen

Die Grenzen
der Begegnungen
sind fließend und
das Eine kann sich
nur verstehen
durch
das Andere

konstruktion und wachstum

aus beidem sind wir
kühn und schüchternen versuchen
quadraten anderen figuren
alles einzugrenzen
und üppig wucherndem
zufallsgewachsenem
in bunter vielfalt
doch erst ganz in
einem bild das
alles in sich fasst

111

krisensitzung

wenn raster normen aussetzer gestehen
und produktivität als hermelinbesatz an
kaisers neuen kleidern wir erkannt
dann wenden unsere gesichter sich
einander zu und sehn im anderen
den bruder der wie wir selber
eigentlich nur
leben wollte

Mensch Baum

dich gibt es
milliardenfach
und doch existiert
der Augenblick
in dem nur einzig
und allein
der Glanz
in deiner Krone
dir erscheint

Gulli

Am Rand der kleinen
Unterwelt das Gitter
welches uns bewahrt
vor dem Medusenhaupt
des großen Schattens
der den Blick
erstarren ließe

Qual der Wahl

Charme der
Wiederkehr
des Flüchtigen
oder fest
im Besitz
des vielfach
Schönen?

Beides ist uns
nur auf Zeit
geliehen.

solidarität zu spät

wenn ihr geschlagen
und von der kälte überrascht
nun dicht zusammenrückt
es nützt euch nichts
der markt erwartet euch
in eis und schnee

hättet früher
ihr doch
einen bunten wald
mit eigenleben
jedes einzelnen
verteidigt

Sonne gibt den

Glanz des Augenblicks
und verspricht
den steten Wandel.
Sag zu beidem ja!

Was ist schöner:

Reiner Spiegel,
makelloses Weiß,
das ungetrübt
sich breitet

oder vielmehr
Narben
alter Wunden,
die Geschichten
zu erzählen wissen
und die Kraft
des Heilens kennen

Wege

Wege unbetreten
finden dich,
wenn du es zulässt.
Du kannst sie gehen
oder einfach nur
bestaunen.

Klassentreffen

Geselliges Geschnattere
Das Lachen der Zufriedenheit
Das angesetzte Fett
Es nützt uns nichts
Martini sind wir dran

Unzeitgemäßes Pädagogenlob

Kräfte weiterleiten
Und vor Unheil schützen
In einer kalten Welt
Das lässt mit Recht
Dein Haupt erglänzen

Vom Du, vom Ich und der Welt

1

Zurückgelehnt im Blütenkelch des Unbewussten
Schmetterlinge
Wolken
Träumen

2 Die Doppelköpfigkeit der Welt

Vorsicht Janus will uns trügen
doppelt seine Zunge
auch wenn einfach sie erscheint
Schlangenflüstern
schräges Augenschielen
Hütchenspielertäuschungen
Freude paart sich mit der Bosheit
Hoffnung mit Verzweiflung
Niemals Langeweile
Doch seid immer auf der Hut

3 Rückblick

Trotz allem
überwiegt die Dankbarkeit
für alle Schätze, die ein langes Leben dir ge-
schenkt.
Pflanzkulturen der Verschiedenheit
und gelegentliche goldne
Glitzersträhnen, die über deine Schultern fielen.

4 Die Süße des Gifts

Gott Janus träufelt immer auch
das Gift in Häute
der besondren Süße.
Wenn auch deine Fingerspitzen für Samt und
Seiden so empfänglich sind,
lass helle aufmerksame Blitze
niemals fehlen!

5 Reinemachen dringend nötig

Alles setzen wir daran,
des Spiegels Klarheit einzutrüben,
aus falscher Angst
das wahre Antlitz
würd sich zeigen.
Warum denn nur, warum?
Ein früh schon eingeimpftes
Schlechtgewissen?

6 Es ist nicht leicht

Und trotzdem
nicht vergessen:
Heiterkeit
zumindest dann und wann,
trotz aller Schrecklichkeiten dieser Welt

7 Bestehen vor der Zukunft

nur zu zweit,
ob Sonne oder düstre Wolkenzacken,
einer in des andren Rippe

fest verwurzelt,
können wir
das Licht noch schauen.

8 Nicht in Biederkeit verlieren!

Blümelein,
Tischdecken, Kaffee, Drogen, Konsum- und an-
dere betäubungsorgien.
Dunkel hinter allem drohen Klima-, Unrechts-,
Bombenkatastrophen.

9 Der Hahn

Oft ist ein geschwollener Kamm nur aufgesetzt
Frisuren Auto Titel Modekleidung dazu da
dass seine Nichtigkeit
wir nicht bemerken

10 Das Dämonische in uns allen

Nimm im Spiegel endlich wahr
den eignen bösen Blick
Neid in Bewunderung
Hass in der Liebe
Nur dann bleibt dir
die Möglichkeit des Bannens

11 Ab und an alles hinter sich lassen

Kollegenstreit
Strafzettel Unnützparagraphen
tausenderlei Ärger und Querelen

Manchmal musst du einfach drüberschweben

12 Zeichen lesen

Nicht alles ist entzifferbar
trotz allergrößter Wachsamkeit
Schreckensnachricht jeden Tag
Zeitverschiebungen in der Natur
Veränderungen der Kommunikation:
Zufall, Menetekel oder Hypochonderdenken?

13 Seltene Einheit

In glücklichen Momenten
sitzen sie an einem Tisch
in einem Bild:
die Reinheit der Vernunft
und die Konkretheit
eines Spiegeleis.

14 Osterspaziergang 2100

Im Kurpark
noch Krokus genießen
Trostpflaster
Bäume klimaresistent
Doch die Abendsonne
sie trauert
Können wir das dann auch?

15 Die Versuchung des Metaphysischen

Himmel, Hölle, Ewigkeit, ein Gott,

Allmächtigkeit dich leicht verführt zu Knechtschaf-
ten
und falschen Heilsversprechen.
Doch das enthebt dich nicht
der Suche nach dem Sinn.
Er kann als lichte Wolke
über deinem Leben schweben.

16 Rausch

Körperlüste
Symphonien
Andengipfel
Hagia Sophia und der erste Kuss

Glück

Hand in Hand
die Fähre
quert den
Fluss
der breit und ruhig

17 Der Reichtum unter der Oberfläche

Langsamkeit vonnöten
für Entdeckungen von tausend Schichten
tausend Monden
tausend Wegen
in der
Seelengeologie

18 Lass den Gedanken freien Lauf

Dann knüpfst du Vielfalt der Beziehungen
in Zeit und Raum
auch ohne ständige Berieselung
von Facebook, Talkshows,
Werbetafeln,
du leidest weniger an Verdauungstörung
und findest eigene Stabilität
auf eignen Beinen.

19 Klapp dir fremde Stirnen auf:

Das Aufgeklappte zeigt
dir beim Betrachten
das ganz Andre eines Dus
fremde Biographien
Weltenzipfel bunter Farbenfrische
Vervielfachung von Häusergassen Parks und nie
geahnte
Galaxien von Gefühlen

20 Der Reichtum der Bescheidenheit und Zartheit

Lichtjahre entfernt von Bomben Porno Hungerka-
tastrophen
sind Fingerspitzen-Mitleid
Liebe Solidarität
Bewunderung der Einfachheit
ein Picknick auf der grünen Wiese
glückliche Blicke aus dem Fenster
der Zufriedenheit

21 Barriere überspringen

Unüberwindlich
scheint sie oft
zu einem Fremden.
Hast du den Sprung gewagt,
erscheint dann ungeahnte Ähnlichkeit
und gleicher Raum
wo Menschen wohnen.

22 Rückzug in die Höhle
Eine weitere Versuchung

Poesie für den Bildschirm

Träume in Öl

Erfüllte Nacht
Es gibt Monde voll und hell
in die ich gießen möchte
Herzblut blau und rot
Wenn üppig Sommerkleider wehen
vor unendlichen Geschichten

Akelei in Avalon
singt ihr Lied von Schmerz und Freude

Neues Leben in der Wüste
Das Haar der Mutter netzt am Boden ihre Kinder
und nährt was darbt und dürstet

Oben offen sei dein Sinn zu jeder Zeit
Verhüllung aber brauchst du auch
für die Vertiefung deiner Augen
-dann und wann

Die zarte Haut des Schmetterlings
Sie hat goldne Ränder
Dass du niemals sie zerstörst!

Alles versteinert?
Lebensursprung Bürokratendokumente
Und als Fokus die Einmaligkeit des Auges

Früh am Morgen Einsamkeit der Amsel
Doch ihr Lied von uns gehört
Gefühle von Verwandtschaft

Dein Nabel haucht ein Orientmärchen
Erzählt Geschichten von uns beiden
Die in einem milden Auge enden

Poesie im Alltag
Erzählung Fantasie geweihter Pinsel
Beleuchtet von dem Licht der andern Welt
Durchdringt die letzten Falten Schründe Nöte
Lenkt den Blick auf Blumen
Blüten die wir immer suchten
Im blauen Licht von Avalon

In der ersehnten Stadt
Wo jeder alles findet was er braucht
Ein Du ein Ich ein Wir im Schutz der Andenkette

Bergische Pastorale

Du zeigst uns was wir wirklich brauchen
Einkehr Ruhe Horchen auf Musik
Gelehnt an Bäume Blick nach oben
Waldgeheimnis Korn für Brot
Grün das Herz und gelb die Hand
Oder ist es violett und ocker
Seht zu dass eure Hand noch selbst regiert und
eure Apparate und Maschinen
und lasst euch nicht versklaven
Brot und Wurzel reicht alleine nicht
Schönheit spiegelt sich in stillen Teichen
Stehenbleiben Schauen Staunen
Glanz von innen Zaubereimomente
Weg und stilles Wasser eint ein grünes Leben
Gelegentlich die Kühnheit von Matisse
Frisch sanft und glatt und schräg
Und ungewohnte Perspektiven
Ein andrer Teich gefüllt mit Liebe
Zart und jung und altvertraut der Ruf des Ku-
ckucks
Blutvoll Lust und Augenzwinkern
Bloßgelegte Arme Tiefe Blicke
Nicht zu vergessen dunkle Uferränder
Am Rand der Wälder trifft sich Alt und Jung und
Arm und Reich
Schon Johann Wolfgang pries den Blick hinab ins
Rheintal
Bier Kuchen Ratsherrnsaal Konzerte
Ein Himmel noch bewahrt von Drohnenflügen

Der Geburtstag der Insulanerin

Glücklich leben wir auf unserm Archipel
Und ich als Rose mitten drin
Verehrt von Alt und Jung
Ab und an bedroht vom Feuer des Vulkans
Und seinem Wüten aus der Tiefe
Doch sind wir meistens hingegeben Heiterkeit
und frohem Tanze
Manchmal leg' ich Schleier an
Zum Rückzug in mein Inneres
Dann wieder Tanz im Kreise unsres Volkes
Tänze froh und ungetrübt von Sorgen
Noch glühen Birnen Rosen im Frieden miteinan-
der
Neigen freundlich sich einander zu
Erste Fremde nun betreten unser Land
Und gegenseitig ehrfurchtvolles Staunen
Ich lade sie zum Fest der Lilie und des Auges
Das große Auge schaut uns gnädig zu
Dann tanzen wir gemeinsam alle
Alle alle und wie lange noch
Im Drehen liegen Schönheit und auch Falschheit
– leider

Der Meeresspiegel steigt

Und zwischen all den schönen Gaben die sie
brachten
Lauert Unheil das uns droht
Droht als schwarze Wogen hinter unsern Blumen
unserm Traum

Venus und Hephaist

Ein Dialog

Das Blau des Himmels ist ein Farbenrausch des
Glücks

Doch gibt es auch den schwarzen Mond der
dunklen Nächte

Die Seligkeit der Palme wenn sie sich im Wind
vor weißen Wolken wiegt

Was braut sich nicht in diesem Wind zusammen
oft

Getriebnes Gold der Sonne an den Wolkenrän-
dern

Doch vergesst mir nicht der Erde flüssigheißes
Innenleben

Zu zweit durchqueren wir das Rauschen eines
Palmenwalds

Kannst du dem andern Auge wirklich trauen

Geborgenheit im Schoß der tiefen Wälder

Doch lauern dort nicht böse Ungeheuer

Dann lenk' doch einfach deinen Blick nach oben

Im Rückwärtsfallen kannst du dich im Netz ver-
fangen

Beim Seesturm freut dich seine weiße Gischt

Am Meeresboden wachsen giftige Vulkane

Vergiss sie nie die Pracht der Farben dieser Welt

Die Transparenz des Wassers

Unter jeder Haut auch deiner
Ruhen ganze Universen
Glänzen voller Gold

Teile sie mit anderen
Denn eure Wurzeln sind gemeinsam
Wie auch eure Kämpfe
Der leichte Flügelschlag nach oben

Die Stufen zur Geborgenheit des Heims
Der Fensterblick in ferne Weiten

Zusammenschluss im Kreis von Freunden und
Familie
Ungewiss Verbindungen zu anderen Galaxien
Manchmal Flucht in freie Einsamkeit

Dann wieder Zuflucht
In der altbewährten Zweisamkeit
Badende im hellen Licht des neuen Morgens

Schwelgend in der Pracht des Reichtums der
Erinnerung
Wachstum Blätterfallen Wurzeltiefe
Kostbarkeit des Doppelspiegels
Mit dem Blick in weiter offne Himmel

Vier Zigeuner oder mehr

Wir sind alle nur Zigeuner
mit Expertenstatus oder Landbesitz
als Irrtum in der Hand

Der erste sucht sein Heil
im Reisen in den Orient der Welt
In edlen Kuppeln Bögen und
gekräuselter Natur
Auf Stufen zu den Orten
seiner Sehnsucht hin

Der Zweite taucht im
Abgrund seiner Seelentiefe
Fischt im Herzen seines Unbewussten
Im Grenzland zwischen Ich und Es und Über-Ich

Der Dritte greift zu Geige Pinsel oder Feder
Will die andren Herzen rühren
Starrheiten mit Tränen tränken
Und auch die kalte Macht der Logik

Der Vierte will die junge Liebe
ein ganzes Leben lang erhalten
Ein zärtliches Geturtel unterm Blätterdach
Reines Leuchten dunkler Augen
Mondesglänzen ohne Schuld

Der Fünfte baut sich eine Eiseshöhle
Wo neidvoll er Geschäfte treibt
Zum Fang der Beute seine Reusen legt
Dieweil sein Herz zu Stein gefriert

Das Gold darin vergessen bleibt

Am Ende finden sie sich alle wieder
in Ruhe hoffentlich
am Meeresgrunde

Die Träume des Malers

Dass grünes Laub der Helikonien
Den Blick von häuslichen Kaffeeterrassen
Auf ockersatten Flächen weidet
Zum Schweifen schickt
In dunkellila Bergweltfremde

Dass Raum sich böte für Füße ohne Räder
Für Menschen alt und jung und schwarz und weiß
Mit Bäumen statt mit Schienen und Asphalt
Für herzliche Verbundenheitsgefühle

Natur auch rauh und auch mit Dornen
In ihrer ganzen Farbpalette
Und allen Düften bis zum Stinken
Nicht mehr kastriert und glattnormiert

Nicht Marschordnung Alleen Drill
Kein Kommando und Befehl für alle
Nein Vielfalt Mannigfaltigkeit Diversität
Und statt Konzernen Du und Ich
Die Kostbarkeit von Diamanten

Herrschaft roter Lava grüner Bäume
und Tosen einer Meeresbrandung
Bescheiden ist die Freude unterm Blätterdach
Und nicht Vermessenheit von Wolkenkratzern

Ergib dich Felsen Sand und Urwaldpflanzen
Dann wird aus Niederlage und Verbeugung
Einzigartigkeit des Königreichs
In dem dein Reichtum endlos ist

Dass Regen fiel und Blütenvielfalt
Auch in deinem kleinen Garten
Jahreszeitenrhythmus ungestört
Von menschlicher Vermessenheit

Ein goldner Tod im weiten Westen
Senkt über Fluten blau und weiß
Dir die Gewissheit eines Trotzdemsinns
Ins alte Herz des langen Lebens

Und morgendliche Frische schickt dein Herz
Auf lange Wanderungen über die Lagunenleben
In abenteuerlichem Streifen durch Gefahrenwäl-
der
Hinauf ins blaue Licht der Sehnsuchtsflüge

Bella Venezia

Falsches Münzenklingen zeugte deine Anmut
Trug hieß der Vater deines Golds
Geschicktes Rudern schien meist besser als das
Schwert

Schönheit ist gebettet auf der Frömmigkeit der
Armen
Im Hintergrund sind Ruß und Schlote ganz ver-
schämt versteckt.
Sichtbar nur der Sonnenglanz am Chor der Mön-
che
Doch aus der Nähe auch das dunkle Prangen
ihrer Macht

Freier Raum für Boote und für Füße ja für Men-
schen
Raum für Enge von Gardinen und für weite Plätze
und von mir zu dir gleich tausend Brücken
Wasserspiegel für Poeten Maler Philosophen

Betörend ist die Pracht der Finsternis im Abend-
licht
Dukaten Schiffe Prunk des Lichts vor dem Verge-
hen
Turm der Macht und seine Sehnsucht nach der
Reinheit
In der Dunkelheit suhlt sich der Reichtum in sich
selber

Hier vermählen Licht und Wasser sich
Im strahlenden Geschenk des Glücks

Obwohl im Untergrund Morast und Mühsamkeit
von Pfählen
Einsam rudert hier der Gondoliere

Dem Sucher offenbart sich Wahrheit in der Seuf-
zerbrücke
Hinter Herrlichkeiten Tränen Folter Angst und
Schuld
Darunter ahnungs- oder machtlos oder wollen wir
nicht wissen
dem Spiel der Wellen zwischen Schönheit und
Verbrechen ausgeliefert

Du lieber Himmel

Noch bietest du dem ärmsten Beutel

Gelegentliche Galerien

Voller Pracht und Phantasie

Und einen Seelenfrieden

Den er annimmt

Wenn er will und nicht verkauft

An eine Secondhand-

Und Drohnendrohungs-Industrie

Poesie für den Bildschirm

Des Orients Wächter über Blätterschutz
und das verborgne Haus am Rande eines rosa
Sees.
Nie vergessen für die Ewigkeit
umhüllt von einem reinen Bogen in Blaugelb.
Er nennt sich junge Liebe.

In Streichquartetten herbe überraschende Verbin-
dung mit Unendlichkeit
und Fülle aus der Ordnung und der krausen
Phantasie.

Zur Sonne hinter grauen Wolken fliegt der Falter
hoch
und lässt den dumpfen Sinn der Schnecken
hinter sich auf braunem Lehm der Furchen.

Sprung ist Mut
und Fliegen Gnade.
Mut für das Unbekannte,
Fliegen über allen Schätzen dieser Welt.

Der Lebenssinn, den du verfolgst,
hängt oft an seidnem Faden.
Verworren und doch irgendwie erkennbar.

Manchmal trifft man ein beglückendes Geheimnis.
Schon außen ist es reine Überraschung.
Doch innen möchte man nie von ihm weichen.

Vor der großen Kälte Korb aus Schachbrettdenken
lässt Ausgefranstes erst dem erscheinen, der
darunterschaut.

Nur das vertraute Antlitz öffnet dir den Blick zum
Himmel
und reicht dir eine gute Hand.

Nicht nur in fernen Ländern warten Abenteuer,
mehr noch mit dem Blick dahinter und darunter.

Das Lob der Langsamkeit, schon längst vergessen,
sieht die Schnecke auf der Fensterscheibe.
Und sie die Weisheit eines späten Abendrots.

Ein Rückblick sollte nicht vergessen Träume von
Karibikstränden
und die Bilder von Gauguin und Heiterkeit der
Herzen.

Bergische Pastorale

Du zeigst uns was wir wirklich brauchen
Einkehr Ruhe Horchen auf Musik
Gelehnt an Bäume Blick nach oben

Waldgeheimnis Korn für Brot
Grün das Herz und gelb die Hand
Oder ist es violett und ocker
Seht zu dass eure Hand noch selbst regiert und
eure Apparate und Maschinen
und lasst euch nicht versklaven
Brot und Wurzel reicht alleine nicht

Schönheit spiegelt sich in stillen Teichen
Stehenbleiben Schauen Staunen
Glanz von innen Zaubereimomente
Weg und stilles Wasser eint ein grünes Leben

Gelegentlich die Kühnheit von Matisse
Frisch sanft und glatt und schräg
Und ungewohnte Perspektiven

Ein andrer Teich gefüllt mit Liebe
Zart und jung und altvertraut der Ruf des Ku-
ckucks
Blutvoll Lust und Augenzwinkern
Bloßgelegte Arme Tiefe Blicke
Nicht zu vergessen dunkle Uferränder

Am Rand der Wälder trifft sich Alt und Jung und
Arm und Reich
Schon Johann Wolfgang pries den Blick hinab ins

Rheintal
Bier Kuchen Ratsherrnsaal Konzerte
Ein Himmel noch bewahrt von Drohnenflügen

Transparente Wasser

Unter jeder Haut auch deiner
Ruhen ganze Universen
Glänzen voller Gold

Teile sie mit anderen
Denn eure Wurzeln sind gemeinsam
Wie auch eure Kämpfe
Der leichte Flügelschlag nach oben

Die Stufen zur Geborgenheit des Heims
Der Fensterblick in ferne Weiten

Zusammenschluss im Kreis von Freunden und
Familie
Ungewiss Verbindungen zu anderen Galaxien
Manchmal Flucht in freie Einsamkeit

Dann wieder Zuflucht
In der altbewährten Zweisamkeit
Badende im hellen Licht des neuen Morgens

Schwelgend in der Pracht des Reichtums der
Erinnerung
Wachstum Blätterfallen Wurzeltiefe
Kostbarkeit des Doppelspiegels
Mit dem Blick in weiter offne Himmel

Als Maler auf der Insel des Odysseus

Des Schlafes Augen baden tief im Blau des Mee-
res
Hier bist du König wie Odysseus Doch ohne
Schwert und ohne List

Die ganze Pracht der Welt zu deinen Füßen

Du trinkst Blau Rosa Grün und Ocker hauchst
ihren Atem der Palette ein

Statt Schwert ein Pinsel Dein Reich der Farben
deine Burg

Ein Ort des heilgen Schauers ohne scheele
Macht gesalbter Männer

Die Glocke rief euch zur Gemeinsamkeit der Her-
zen

Mauern die nicht trennen sondern schützen auf
dem Weg zum anderen

Ein Weg durch Hoheit der Zypressen hin zur küh-
len Flut des Meers

Glast und Dunst erschaffen neue Farbenspiele

Der Himmel stellt dir neue Rätsel

Ringsum alte heitere Götter leisten dir Gesellschaft

Einsamkeit und Zweisamkeit die große Kammer
eurer Schätze

Wasser Wellen Strand und Goldenkörnersand
durch deine Haut in deine Hand

Versammlungen und Feste in geliebtem und um-
mauertem Bereich

Zutrittstor erhalten oder neu errichtet nach dem
großen Beben

Die Glocke mahnt zu Ehrfurcht gegen Übermut

Die kleine Bucht als Hafen für die weite Fahrt

Tiefe blaue Wasser lichte Weiten leckres Mahl auf
heimatlichem Teller

Segelboote Tische an der Mole bringt Gefahr
der Überflutung durch Touristenschwemme

Venedig hinterließ den Eissalon Geselligkeit und
Heiterkeit

Blauer Dunst zu blauer Stunde Arbeits-Blaumann
weit und fern

Klangweichen

Dem Lebensfluss verdankst du die Geburt.
Vergiss es nie!

Kultur nur, wenn das Band noch nicht zerrissen
zur Natur.

Wasser, Spiegel, Licht und Farben nähren uns

und schreiben uns Geschichten, die wir lieben.

Hier treffen ICE und Jesuiten, Kurden sich mit
Suchern.

Mobilpunkt, Zentrum, Eile.
Finden sich auch Menschen hier?

Wer stellt die Weichen hier von dir zu mir, von uns
zu euch?

Fahrplan, Bremsen, Sicherheit, Versicherung und
Warnsignale.

Warnung vor dem Tod der Wälder ist vergessen.

Ein alter Glockenschlag trifft unser Ohr im Schat-
ten.
Letzte Stunde.
Oder auch im hellen Licht.

Verbarg Geborgenheit nur strenge dunkle See-
lenknute?

Wenn Licht von oben doch nur wirklich menschlich wäre

und Fluss und Zug und Andacht sich vereinen würden

in einem großen freien bunten Bild!

Verspätetes Vorwort

Das Kapitel „Schaufenster" wurde vorangestellt, weil man im Internet diese Seiten lesen kann, wenn man auf „Blick ins Buch" oder „Probelesen" klickt, wo man einen ersten Eindruck von der großen Unterschiedlichkeit der Texte gewinnen kann. Insgesamt sind sie in den Jahren 2008 bis 2019 entstanden.

Die Kapitel „Wörter fürs Auge" und „Poesie für den Bildschirm" müssen erklärt werden. Diese Gedichte entstanden meist erst in letzter Zeit.

Die Texte in „Wörter fürs Auge" wurden alle zusammen mit Fotos oder Aufnahmen von eigenen Gemälden des Autors in Fotobüchern geschrieben. Da diese wegen des hohen Preises schlecht verkäuflich sind, habe ich einige der Gedichte daraus hier abgedruckt, mit den Bildern in Schwarz-Weiß. Sollte trotzdem jemand Interesse am Erwerb dieser Fotobücher haben, so kann er sie unter dieser E-Mail-Adresse bestellen: masi@mamue.net .

„Poesie für den Bildschirm" enthält Gedichte, die bisher nur auf wenigen Veranstaltungen öffentlich gezeigt worden sind. Die Videos bilden eigentlich eine untrennbare Einheit von Musik, Text und Bild. Bei den Bildern handelt es sich um solche in Tempera oder Öl oder Aquarelle sowie um digitale Bilder. Trotzdem wage ich es hier, die Texte losgelöst zu zeigen. Die Reaktion der Leser wird zeigen, ob das sinnvoll ist. Auf jeden Fall gehört etwas Fantasie dazu, die Texte ohne Bilder und Musik zu verstehen. Vielleicht muss man beim Lesen einfach die Ratio ein wenig außen vor lassen.

Dezember 2019, Engelbert Manfred Müller